BEI GRIN MACHT SICH IHR WISSEN BEZAHLT

- Wir veröffentlichen Ihre Hausarbeit, Bachelor- und Masterarbeit

- Ihr eigenes eBook und Buch - weltweit in allen wichtigen Shops

- Verdienen Sie an jedem Verkauf

Jetzt bei www.GRIN.com hochladen
und kostenlos publizieren

Christopher Hauck

Entmachtung des ägyptischen Präsidenten im Juli 2013

Ausarbeitung eines exemplarischen Falls

GRIN Verlag

Bibliografische Information der Deutschen Nationalbibliothek:

Die Deutsche Bibliothek verzeichnet diese Publikation in der Deutschen National-
bibliografie; detaillierte bibliografische Daten sind im Internet über http://dnb.d-
nb.de/ abrufbar.

Impressum:

Copyright © 2013 GRIN Verlag GmbH
Druck und Bindung: Books on Demand GmbH, Norderstedt Germany
ISBN: 978-3-656-51085-7

Dieses Buch bei GRIN:

http://www.grin.com/de/e-book/262184/entmachtung-des-aegyptischen-praesiden-
ten-im-juli-2013

GRIN - Your knowledge has value

Der GRIN Verlag publiziert seit 1998 wissenschaftliche Arbeiten von Studenten, Hochschullehrern und anderen Akademikern als eBook und gedrucktes Buch. Die Verlagswebsite www.grin.com ist die ideale Plattform zur Veröffentlichung von Hausarbeiten, Abschlussarbeiten, wissenschaftlichen Aufsätzen, Dissertationen und Fachbüchern.

Besuchen Sie uns im Internet:

http://www.grin.com/

http://www.facebook.com/grincom

http://www.twitter.com/grin_com

Didaktische Ausarbeitung eines exemplarischen Falls

„Entmachtung des ägyptischen Präsidenten im Juli 2013"

Seminar: Von exemplarischen Fällen zu Kompetenzen
Sommersemester 2013

Student: Christopher Hauck
Studiengang: L3 PoWi & Germanistik
Semester: 04

Prüfungsleistung für: Modul 6 Fachdidaktische Vertiefung

1. Der exemplarische Fall

Als exemplarischer Fall mittlerer Komplexität soll der durch das Eingreifen des Militärs herbeigeführte Machtwechsel in Ägypten sowie die Absetzung von Präsident Mohammed Mursi am 03.07.2013 dienen. Als Informationsmaterial sind zwei Quellentexte aus dem Nachrichtenmagazin „DER SPIEGEL" vom 08.07.2013 (Nr. 28) gegeben: Die Dokumentation „Revolution Reloaded" sowie ein Interview mit dem Friedensnobelpreisträger Mohamed ElBaradei, welches den Titel „Wir hatten keine andere Wahl" trägt (vgl. ebd. S. 74ff.).

Dieser Fall soll exemplarisch für die demokratietheoretisch bedeutsame Frage stehen, inwieweit es legitim ist, dass das Militär einen gewählten Präsidenten absetzt, wenn das Volk gegen ihn protestiert. Anders formuliert: Ist die Absetzung eines zuvor demokratisch gewählten Präsidenten außerhalb der in der Verfassung vorgesehenen politischen Prozesse vor dem Hintergrund von massenhaften Protesten der Bürger als demokratisch legitimes Vorgehen anzusehen? Daran anschließend bieten sich Fragestellungen wie: „Wann sollte ein Präsident zurücktreten?" oder: „Dürfen die Generäle den Präsidenten absetzen, der nach der Verfassung die Befehlsgewalt über das Militär hat?" an.

Ausgehend von Wagenscheins Konzept des exemplarischen Lernens und der Idee, die SchülerInnen vor ein Ausgangsproblem zu stellen, um sich im Anschluss daran von „oben" zum Elementaren vorzuarbeiten erscheint es sinnvoll, die Frage nach der Legitimation des Eingreifens des Militärs genauer zu betrachten. Hierfür wird den SchülerInnen die Situation zum Einstieg wie folgt erklärt:

Es gab in Ägypten Proteste sowie eine Unterschriftenaktion gegen den amtierenden Präsidenten, an welchen sich mehrere Millionen Menschen beteiligten . Im Anschluss an die damit einhergehenden Ausschreitungen stellte das Militär dem Präsidenten ein 48-stündiges Ultimatum, um die Forderung der Demonstranten nach seinem Rücktritt zu erfüllen. Als diese Frist abgelaufen war und Mohammed Mursi nicht zurückgetreten war, griff das Militär noch am gleichen Abend ein und entließ ihn aus seinem Amt und setzte die vom ihm entworfene Verfassung außer Kraft. Bis zu den nächsten Wahlen übernimmt der Präsident des Verfassungsgerichts die Amtsgeschäfte Mursis. Ist dieses Vorgehen mit einer demokratischen Staatsordnung vereinbar und überschreitet in einem solchen Fall das Militär seinen verfassungsmäßigen Handlungsauftrag?

Im Anschluss an diesen Einstieg bieten sich eine Reihe von Themen an, welche zur Beantwortung dieser Frage hilfreich sind. Es gilt zunächst zu klären, was unter dem Begriff der „demokratischen Staatsordnung" zu verstehen ist; Welche Rolle spielt der Präsident / das Militär? Des Weiteren muss herausgearbeitet werden, in wieweit die Politik Mursis überhaupt demokratischen Grundsätzen entsprach und welche Ereignisse die Demonstrationen ausgelöst hatten. In der Bearbeitung dieser Themenbereiche durch die SchülerInnen werden Informationen gewonnen, welche eine Einschätzung der aktuellen Lage ermöglichen und diese bewertbar machen. Ganz im Sinne Wagenscheins wird hierbei nicht „auf Vorrat" gelernt (vgl. Wagenschein 1956:6), sondern werden die thematischen Aspekte erarbeitet, welche die SchülerInnen zur Beschäftigung mit dem Ausgangsproblem benötigen. Im Hinblick auf das Schaubild der Autorengruppe Fachdidaktik (vgl. Autorengruppe Fachdidaktik 2011:170) lassen sich für diese umfangreiche Thematik die Basiskonzepte „System", „Akteure", „Wandel", „Macht" und „Bedürfnisse" verwenden. „System", da es um Herrschaft und die daran beteiligten Prozesse und Gruppen geht, wobei in diesem Fall besonders interessant ist, dass es durch einen nicht vorgesehenen Prozess (Demonstrationen gefolgt von einer erzwungenen Absetzung des Präsidenten durch das Militär statt Wahlen) zu dem Machtwechsel kam. Das Basiskonzept „Akteure" repräsentieren hauptsächlich die Demonstranten, wobei hier der Fokus auf den politisch aktiven Gruppen liegt, welche die Demonstrationen planten und unter Nutzung der modernen Kommunikationstechnologien zum Sturz Mursis aufriefen. Der „Wandel" war gewissermaßen das Ziel der Proteste, da ein großer Teil der Bevölkerung mit dem aktuellen Kurs von Mursis Regierung unzufrieden war. Ausschlaggebend war die Einschränkung der demokratischen Prozesse bzw. Vorgänge, da Mursi Verwandte anstatt gewählte Vertreter in verschiedenen Machtpositionen einsetzte sowie die zunehmende Islamisierung des ägyptischen Alltags, obwohl die Mehrheit der Bevölkerung westliche Ideale in Gesellschaft, Politik und Kultur anstrebt. Das Basiskonzept „Macht" wird von der Autorengruppe Fachdidaktik mit Begriffen wie „Gewalt" und „Entscheidung" assoziiert, was aufgrund der Ausschreitungen, dem gewaltsamen Absetzen des Präsidenten und dem grundlegenden Konflikt zwischen westlich orientierten Menschen und den Muslimbrüdern zutreffende Begriffe sind. Das Basiskonzept „Bedürfnisse" wird von der Autorengruppe mit tendenziell ökonomisch geprägten Begriffen beschrieben, weshalb sich hier eine Verbindung zur höher werdenden Arbeitslosigkeit in Ägypten und der Verarmung weiter Teile der Bevölkerung herstellen lässt.

Will man von diesen Verbindungen zwischen der Thematik des erzwungenen Machtwechsels in Ägypten mit den Basiskonzepten der Autorengruppe Fachdidaktik (vgl. Autorengruppe Fachdidaktik 2011:170) zu Kompetenzen gelangen, so ist zu beachten, dass ein umfassendes Thema auch eine Vielzahl an Kompetenzen erfordert bzw. anspricht.

Grundlegend für die vollständige Erfassung der Thematik ist zunächst die Analysekompetenz, welche von den SchülerInnen in diesem Fall eine Erforschung der Ursachen für die Proteste sowie den Aufbau des politischen Widerstands verlangt. Hierzu müssen zum einen die vorliegenden Artikel gründlich gelesen und unbekannte Begriffe geklärt werden. Zum anderen muss eine Recherche zur „Vorgeschichte" erfolgen, die Informationen zum Sturz des Amtsvorgängers Husni Mubaraks, aber auch zur daran anschließenden Wahl Mursis umfasst. Je nach den gegebenen zeitlichen Möglichkeiten kann dies durch einen freien Rechercheauftrag in einer Bücherei oder an einem Computer passieren, aber auch eine Aufbereitung dieser Informationen seitens der Lehrkraft ist möglich bzw. im Falle eines Mangels an Unterrichtsstunden nötig, um die Informationen effizient zu bündeln und komprimiert an die SchülerInnen zu vermitteln.

Aufbauend auf die von den SchülerInnen erarbeitete Analyse folgt bei der Bearbeitung des hier ausgewählten exemplarischen Falls die Bildung, Formulierung und Reflexion eines Urteils zu der aktuellen Situation Ägyptens. Grundlegend für diesen Vorgang ist, dass die SchülerInnen die verschiedenen Interessenlagen und Blickwinkel der einzelnen Akteure (Muslimbrüder, politische und religiöse Gegner Mursis, Demonstranten sowie politisch inaktive bzw. desinteressierte Menschen) einnehmen können, um die Problematik der Situation angemessen einzuschätzen. Zudem werden die SchülerInnen verschiedene Zusammenhänge (wie bspw. der zum Ende seiner Zeit als Präsident islamisch geprägte Kurs Mursis und seiner Zuneigung zu den Muslimbrüdern) erst vollständig erschließen, wenn sie den Konflikt aus Sicht der verschiedenen politischen Lager betrachten. Hierfür muss zunächst einmal erarbeitet werden, welche unterschiedlichen Interessengruppen es gibt und mit welchen Argumenten diese ihre Ziele begründen und durchzusetzen versuchen.

Als dritte zentrale Kompetenz des Faches Politik und Wirtschaft schließt sich die Handlungskompetenz dem zuvor gebildeten Urteil an. Ein aktives Handeln in Form einer tatsächlichen Beteiligung am Prozess der Wahl eines neuen ägyptischen Präsidenten kann und ist in diesem Fall nicht das Ziel, sondern vielmehr wird angestrebt, dass die SchülerInnen ihren eigenen Standpunkt finden und ihn anhand von kulturellen und gesellschaftlichen Faktoren reflektiert begründen können. Dies kann bspw. passieren, indem die SchülerInnen sich vorstellen, sie wären Bürger Ägyptens und aufgrund der aktuellen Situation überlegen, wie sie handeln würden.

Bei der hier gewählten Thematik gibt es durchaus Überschneidungen im Falle der Urteils- und Handlungskompetenz, jedoch sollen die SchülerInnen dazu angeleitet werden bei politischen Problemen einen eigenen, begründeten Standpunkt einzunehmen und diesen auch gegenüber Widerständen vertreten zu können.

2. Umsetzung im Unterricht und Überprüfung des Kompetenzzuwachses

Wie oben dargestellt bietet sich die Thematik des durch das Militär erzwungenen Machtwechsels in Ägypten dafür an zu überprüfen, wie gut die SchülerInnen auf der Grundlage einer umfassenden Analyse des in unserer Gesellschaft eher nicht vorstellbaren Geschehens eine eigene, im Hinblick auf die oben skizzierten demokratietheoretisch bedeutsamen Fragestellungen begründete Meinung formulieren und vertreten können. Ob zur anschließenden Bewertung der Ausarbeitungen eine individuelle oder eine kriteriale Bezugsnorm gewählt wird, ist vorerst unerheblich und zudem von anderen Faktoren, wie bspw. ob der Lehrkraft überhaupt vorherige Arbeiten vorliegen, abhängig.

Eine Möglichkeit zu Überprüfung des Kompetenzerwerbs wäre der Auftrag, einen kommentierenden Leserbrief zu verfassen, der sich auf die Berichterstattung des SPIEGEL bezieht und in dem die SchülerInnen ein Urteil zur Frage der Rechtmäßigkeit des Eingreifen des Militärs formulieren und nachvollziehbar begründen sollen. Hierbei soll ein Bezug zu den drei in den Artikeln hervorgehobenen Gruppen (Muslimbrüder, Mursi-Gegner und das unpolitische Bürgertum) hergestellt werden, der die Einnahme verschiedener Sichtweisen sowie die Auseinandersetzung mit den unterschiedlichen Argumenten repräsentiert.[1] Aufgrund dieser Faktoren lässt sich zunächst überprüfen, inwiefern die SchülerInnen in der Lage sind die Rolle von bestimmten Personen (bspw. der politischen Aktivistin Jasmin al-Guschi) nicht nur oberflächlich einzunehmen, sondern auch Überlegungen zu den Hintergründen der politischen Einstellungen anderer

---

1 Hierbei bietet sich eine Differenzierungsmöglichkeit im Hinblick auf die Anforderung im Rahmen der Auseinandersetzung an. Um der Heterogenität der Leistungen der SchülerInnen gerecht zu werden können unterschiedlich komplexe Argumente zur Auswahl gestellt werden oder Unterschiede in der Bereitstellung von Hintergrundinformationen erfolgen, indem ein Teil der SchülerInnen diese in ausführlicher Form erhält, während leistungsstärkere SchülerInnen sich diese im Rahmen des Rechercheauftrags erst erarbeiten müssen.

anzustellen. Zudem lässt sich durch den Bezug zu den ausgewählten Artikeln überprüfen, wie gut es den SchülerInnen gelingt Informationen aus einem Text zu entnehmen und diese aufgrund der publizistischen Machart kritisch zu betrachten und ggf. zu überprüfen. All dies fällt zunächst in den Bereich der Analysekompetenz, welche in diesem Fall sehr gut überprüfbar wird: Gelingt den SchülerInnen die Verknüpfung der erarbeiteten Geschehnisse in Ägypten mit dem eigenen Vorwissen über demokratische Prozesse in der Bundesrepublik? Wird den SchülerInnen bewusst, dass der SPIEGEL-Text von zwei Journalisten verfasst worden ist, die bereits durch die Auswahl der vorgestellten Gesprächspartner und Akteure ihre oberflächlich betrachtet „dokumentarische" Darstellung mit einer bestimmten Tendenz unterlegen?

Zur Beurteilung der Urteilskompetenz lassen sich zunächst einzelne Kriterien wie „eigenständiges Argumentieren, Reflektieren und die kritische Bewertung eines Sachverhalts" (vgl. hessisches Kerncurriculum PoWi (gym.) 2010: 16) heranziehen. In Bezug auf den gewählten exemplarischen Fall erfordern diese Kompetenzen, dass die SchülerInnen bei ihrer Argumentation nicht zu nah am Text bleiben, die dargestellten Positionen vergleichen, aber auch kritisch hinterfragen sowie zum Schluss einen eigenen Standpunkt finden und diesen anschaulich darstellen und deutlich machen, wie sie zu diesem gelangt sind. Will man nun einen Kompetenzzuwachs beurteilen bzw. feststellen, so muss eine Vergleichsmöglichkeit gegeben sein. Dies kann zum einen erfolgen, indem die SchülerInnen im Anschluss an das Lesen der beiden Artikel bereits eine Mindmap erstellen und nach eigener Recherche in anderen Zeitschriften und Zeitungen oder dem Internet einen Leserbrief verfassen. Jedoch wird sich hierbei hauptsächlich eine Verschiebung des Standpunkts beobachten lassen, die auf die gewonnen Informationen im Rahmen der Recherche zurückzuführen ist, weshalb für eine individuelle Beurteilung eine ältere Ausarbeitung zu präferieren ist, da hierdurch ein Vergleich der Kompetenzentwicklung über einen längeren Zeitraum möglich ist. Realisierbar ist dies jedoch nur, wenn man die Klasse bzw. den Kurs über längere Zeit, mindestens zwei Halbjahre, betreut, da sonst ein Vergleich nur über einen sehr kurzen Zeitabschnitt möglich ist und keine größeren Veränderungen zu vermuten sind.

Eine weitere Möglichkeit zur Beurteilung ist durch eine kriteriale Bezugsnorm gegeben. Basierend auf den Anforderungen, die das Kerncurriculum in den verschiedenen Jahrgangsstufen stellt, kann beurteilt werden, auf welchem Niveau sich die Schülerin / der Schüler befindet. Jedoch gibt es im Bezug auf die freie Textgestaltung und Urteilsbegründung keine exakten Bewertungsvorgaben, weshalb eine Beurteilung auf der Basis eines konkreten Erwartungshorizonts erfolgen muss. Ein weiteres Aufgabenformat wäre die Erstellung eines Flugblatts, womit sich der Fokus von der Urteilskompetenz hin zum Bereich der Handlungskompetenz verschieben würde, da die SchülerInnen hierfür mögliche Aufforderungen zum Handeln formulieren sollen. Zunächst soll auch in diesem Beispiel analysiert werden, welche Positionen es gibt und warum von den politischen Akteuren welche Argumente formuliert wurden. Jedoch sollen hierbei anschließend nicht nur diese Positionen kritisch reflektiert werden, sondern es soll eine Position eingenommen und entsprechend mit zutreffenden Argumenten vertreten werden. In direktem Bezug zum Kerncurriculum sollen die SchülerInnen hierbei „die Chancen zur Einflussnahme auf den politischen, wirtschaftlichen und gesellschaftlichen Entscheidungsprozess" (vgl. hessisches Kerncurriculum PoWi (gym.) 2010: 17) erkennen und dementsprechend versuchen Flugblätter zu erstellen, die dem potenziellen Leser kurz und knapp die aktuelle Lage schildern und ihn zugleich zu ausgewählten politischen Handlungen (Protest, Stimmabgabe o.ä.) auffordern. Ein Kompetenzzuwachs lässt sich hierbei anhand der Komplexität der herausgearbeiteten Argumente beurteilen, da als Vergleich die von den entsprechenden Gruppen im SPIEGEL-Artikel geschilderten Argumente herangezogen werden können. Diese können zu einer Gegenüberstellung dienen, anhand welcher die Lehrkraft beurteilen kann, inwiefern die gelieferten Informationen hinterfragt und neu aufgegriffen wurden. Im Rahmen der Handlungskompetenz verbleibt der Arbeitsauftrag auf einer theoretischen Ebene, da wie zuvor erwähnt eine aktive Partizipation am direkten, politischen Geschehen in Ägypten weder das Ziel sein kann, noch überhaupt möglich ist. Jedoch stehen die erarbeiteten und verschriftlichen Aufforderungen der Flugblätter in einem exemplarischen Verhältnis zur politischen Wirklichkeit der SchülerInnen in Deutschland, da die auf dem Flugblatt angestrebten Handlungen wie Protest oder Stimmabgabe auch vor Ort im Falle eines persönlichen Interesses an einem politisch-lokalem Thema (bspw. Regional: Bibliothekserhaltung in Kassel; national: Abschaltung von Atomkraftwerken) selbst und real wahrgenommen werden können.

Zusammenfassend ist festzustellen, dass das Thema „Entmachtung des ägyptischen Präsidenten im Juli 2013" zwar sehr komplex und im Hinblick auf die Aktivitäten der Militärs eher „befremdlich" ist, gerade dadurch jedoch das Interesse der SchülerInnen finden und Zuspruch und / oder Widerspruch provozieren wird. Das durch die Materialanalyse mögliche „Eintauchen" in die politischen Interessen- und Motivlagen der beteiligten Akteure lässt dann im Sinne des exemplarischen Lernens eine

Annäherung an Grundfragen der politischen Partizipation und demokratischen Wandels zu, was die Schüleraktivitäten in allen zentralen Kompetenzbereichen des Faches PoWi entfaltet, beobachtbar und (wenn nötig) bewertbar macht.

Literaturverzeichnis

- Autorengruppe Fachdidaktik (2011): Sozialwissenschaftliche Basiskonzepte als Leitideen der politischen Bildung – Perspektiven für Wissenschaft und Praxis, in: Autorengruppe Fachdidaktik (Hrsg.): Konzepte der politischen Bildung. Eine Streitschrift. Schwalbach: Wochenschau Verlag
- Hessisches Kultusministerium (2010): Lehrplan Politik und Wirtschaft.
- Hessisches Kultusministerien (2011): Bildungsstandards und Inhaltsfelder. Das neue Kerncurriculum für Hessen. Sekundarstufe I – Gymnasium. Politik und Wirtschaft
- Wagenschein, M. (1956): Zum Begriff des exemplarischen Lernens.

Zeitungsartikel

- Bednarz, D. / Follath, E. (2013): Wir hatten keine andere Wahl, in: Augstein, R. (Hrsg.): DER SPIEGEL Nr. 28. / 08.07.13
- Hoppe, R. / Steinvorth, D. (2013): Revolution reloaded, in: Augstein, R. (Hrsg.): DER SPIEGEL Nr. 28. / 08.07.13

Einsatz gegen Anhänger der Muslimbrüder in Kairo: *„Wir sind die Opfer eines kriminellen Staatsstreichs"*

ÄGYPTEN

Revolution reloaded

Volk und Militär haben zusammen die Regierung von Präsident Mursi gestürzt.
Ein Zeichen fehlender Demokratie – oder genau das Gegenteil? Der Aufstand
aus Sicht einer Tamarud-Aktivistin, eines Unpolitischen und eines Muslimbruders.

Entschuldigung, Jasmin, eine Frage: Wie legitim ist so eine Revolution, wenn das Volk die Armee herbeizwingen muss? Das kommt einem doch vor wie auf dem Spielplatz, auf der einer Streit anfängt, weil er weiß, dass der Lärm den großen Bruder herbeiruft?

Eine wichtige Frage, sagt Jasmin al-Guschi, auch ihre Freunde finden das, sehr wichtige Frage, klar, auf jeden Fall. Man wird sie später beantworten, okay?

Dies ist nicht der Moment für schwierige Fragen, nicht jetzt, nach getaner Revolution. In den vergangenen Wochen hat die sanfte, schöne Jasmin ein Dutzend Mal ihr Leben riskiert, sie wäre beinahe im Gefängnis gelandet, und ges-

tern, am Mittwochabend, haben sie endlich gesiegt.

Bis vier Uhr morgens tanzten, sangen, jubelten sie vor dem Präsidentenpalast in Kairo, danach gingen sie zusammen in die konspirative Wohnung, die sie vor zwei Monaten gemietet hatten, im obersten Geschoss eines zehnstöckigen Hauses, kein Namensschild an der Tür. Nur neun Menschen wussten, dass hier die Revolution wohnte, sagt Jasmin. Sie nennen die Wohnung „Control Room", hier stehen immer noch ihre Computer, hier haben sie einen Teil der Unterschriftenlisten versteckt.

In der Nacht nach dem Sieg waren sie froh und erleichtert, erzählt Jasmin, allein schon deshalb, weil sie nicht im Gefängnis

gelandet waren. Sie waren aufgedreht, und sie feierten Mahmud Badr, ihren gewählten Anführer, der hinter Armeechef Abd al-Fattah al-Sisi saß, als dieser die entscheidenden Worte in die Kameras sprach: Präsident Mohammed Mursi habe die Forderungen des Volkes enttäuscht, er werde durch den Verfassungsrichter Adli Mansur ersetzt; es solle bald gewählt werden, bis dahin würden Technokraten regieren.

Ein Symbol für diesen Umsturz war das, wie sie da saßen: in der Mitte der General, um ihn herum der koptische Papst, der Großscheich der islamischen Azhar-Universität, der Friedensnobelpreisträger Mohamed ElBaradei – und eben er, Mahmud Badr, Anführer der

pellischen Jugend. Er trat gleich nach
m General ans Rednerpult und hielt
e bewegende Ansprache.

Doch was genau ist an diesem Abend
schehen? Wie soll man es nennen,
enn Volk und Militär zusammen die Re-
rung stürzen? Ist das ein Zeichen man-
lnden demokratischen Bewusstseins –
er genau das Gegenteil?

Irgendwann wurden die Rebellen
hließlich doch müde in ihrem Control
oom. Draußen war es wieder hell ge-
orden, um acht Uhr legte sich Jasmin
-Guschi dann in eines der Feldbetten,
e dort aufgestellt hatten. Ihr letzter
edanke, bevor sie die Augen schloss:
ir können alles erreichen.

Jasmin al-Guschi ist eine junge Frau
s Kairo, 25 Jahre alt, freundlich, unauf-
llig. Sie trägt ein helles Kopftuch, hat
nen Freund, liebt Verdi-Opern und
eethoven-Sonaten, den ägyptischen
chauspieler Adil Imam, außerdem Al
acino, Robert De Niro und Gamal Abd
-Nasser, den einstigen Präsidenten und
olkshelden. „Ich fürchte, ich habe einen
urchschnittlichen Geschmack", sagt sie.

Doch Jasmin al-Guschi hat die vielleicht
rößte friedliche Protestbewegung der ara-
ischen Welt mitbegründet: Tamarud, Re-
ellion. Dabei waren sie am Anfang nur
eun junge, wütende Ägypter aus der Mit-
elschicht, doch sie rekrutierten Helfer,
rganisierten, planten monatelang. Am
nde brachten sie angeblich 22 Millionen
Unterschriften gegen Mursi zusammen
nd rund drei Millionen Menschen auf die
traße – und sie brachten damit das Militär
azu, im Namen des Volkes zu putschen.

Präsident Mursi, ein Muslimbruder, ins
Amt gewählt vor einem Jahr, wurde abge-
etzt und in Hausarrest genommen; meh-
ere Anführer der Bruderschaft wurden
orübergehend verhaftet, ihre Sender ab-
eschaltet, ihre Zeitungen nicht gedruckt.

Verwirrte westliche Politiker kritisier-
en die Mittel, aber lobten den Zweck;
heuten das Wort Putsch und sprachen
eber von einer Militärintervention, un-
ernommen, um Schlimmeres zu verhin-
ern. Seit Ende Juni, zählte Human Rights
Watch, sind mindestens 39 Ägypter bei
Straßenkämpfen ums Leben gekommen.

Während Jasmin al-Guschi den halben
Tag nach der Revolution verschläft, während „Apache"-Hubschrauber über den
Nilbrücken kreisen, die Luftwaffe ihre
Kampfflugzeuge über Kairo hinwegdon-
nern lässt, geht Mohamed Sharaf pünktlich
um neun Uhr morgens ins Büro. Sharaf ist
ein Mann von Anfang vierzig, fröhlich, ge-
mütlich, Vater zweier Söhne, Computer-
experte. „Ich war ein ganz normaler, harm-
loser Bürger", sagt er. „Bis gestern."

Die Nacht von Mittwoch auf Donners-
tag verbrachte Sharaf vor dem Fernseher,
er erklärte seinen Jungs die Politik, dis-
kutierte mit seiner Frau. Er sagt, es sei
die Nacht gewesen, die für ihn das Ende

seines bisherigen Lebens markiere – und
den Anfang eines neuen. Sharaf gehörte
bis dahin zum unpolitischen Bürgertum,
er war einer von jenen, die vorwurfsvoll,
wenn auch scherzhaft „Hisb al-Kanaba"
genannt werden, die Kanapee-Partei. Die,
die nur auf dem Sofa sitzen und Politik
den anderen überlassen. „Aber in den
vergangenen zwei Monaten habe ich viel
gelernt: Ich muss mich einmischen. Un-
bedingt! Sonst geht mein Land vor die
Hunde. Wir durften Ägypten nicht den
Muslimbrüdern überlassen."

Mursi-Gegner Guschi, Sharaf, -Anhänger Fausi
„Ich war ein normaler Bürger – bis gestern"

Am Tag nach Mursis Sturz haben die
Muslimbrüder sich zurückgezogen in
Viertel wie Nasr City, eine Hochburg der
Islamisten im Nordosten von Kairo. Schät-
zungsweise 7000 Menschen haben sich
vor der Moschee am Platz Rabaa al-Ada-
wija versammelt, sie haben Zelte aufge-
baut, eine ganze Zeltstadt, denn sie wollen bleiben. Vor allem Männer sind da,
von jung bis greisenhaft, alle mit stren-
gem Gesicht, viele tragen Bauhelme, hal-
ten Baseballschläger und kräftige Stöcke
in den Händen. Überall hängen Plakate,
die ihren gestürzten Präsidenten zeigen.

Einer der Männer ist Fahmi Fausi, 45
Jahre alt, Buchhalter. Er ist kräftig, bärtig,
er trägt eine blaue Baseballkappe. Und er
ist wütend. „Die ganze Welt soll es wissen", sagt er. „Sie haben uns keine Chance
gegeben, das Militär, die Christen, die
Agenten des Auslands und die Anhänger
des alten Regimes, die Tamarud unterwan-
dert haben. Wir Muslimbrüder sind die
Opfer eines kriminellen Staatsstreichs."

Während Fausi erzählt, reihen sich hinter ihm etwa hundert Männer auf, davor
ein Einpeitscher mit Megafon. „Wir wollen einen islamischen Staat!", ruft er. Die
Männer brüllen: „Wir wollen einen islamischen Staat! Einen islamischen Staat!"

Drei Ägypter, grundverschieden: Jasmin al-Guschi, die Tamarud-Aktivistin;
Mohamed Sharaf, der wachgerüttelte Bürger; und schließlich Fahmi Fausi, der ver-
bitterte Muslimbruder. Sie kennen sich
nicht, aber sie haben in den vergangenen
Tagen und Wochen mit verteilten Rollen
das Schicksal Ägyptens mitbestimmt.

Ohne die zu allem entschlossenen Ak-
tivisten von Tamarud hätte Mohamed Sharaf sich niemals aufgerafft, auf dem Tahrir-Platz zu demonstrieren und den Sturz
Mursis zu fordern. Er wäre nicht auf den
Gedanken gekommen, dass er sein Leben
ändern müsse. Ohne Sharaf und all die
anderen unpolitischen, empörten Bürger
wäre Tamarud wiederum nur eine Clique
von Träumern aus irgendeinem Internet-
café geblieben. Und ohne die Allianz von
Tamarud und der Kanapee-Partei wären
die Muslimbrüder wohl noch an der Macht
– und Fahmi Fausi ein glücklicher Mann.
Er hätte aufsteigen können in der straffen
Hierarchie der Bruderschaft, mit Aussicht
auf mehr Geld und mehr Ansehen.

Die Geschichte dieser drei Ägypter ist
die Geschichte einer zurückeroberten Revolution oder die eines Putsches – je nach
Perspektive. Diese Geschichte begann mit
einem „Tag der Wut" am 25. Januar 2011,
sie fand ihren ersten Höhepunkt am 11.
Februar 2011, dem Tag, an dem der Präsident
Husni Mubarak vom Militär zum Rücktritt
gezwungen wurde, und dann, vergangene
Woche, ihren zweiten Höhepunkt, als sein
Nachfolger gestürzt wurde. In der Zwi-
schenzeit gab es ein Verfassungsreferen-
dum, eine Parlaments- und eine Präsident-
schaftswahl, es gab Millionenproteste und

er Mursi-Anhänger nach Protesten: *„Wir werden unsere Seelen und Leben opfern"*

de Tote, wilde Streiks und blinde . Und doch ist diese Geschichte ngst nicht zu Ende.

t geht es erst richtig los", sagt Mo- Sharaf. Es ist der Morgen nach volution. Er sitzt mit seinem Kol- Hussam Hussain im Büro. Eigent- iissten sie arbeiten, aber sie sind ühlt. Sharaf überlegt, ob er am ittag noch auf den Tahrir geht; i war in der Nacht zuvor dort, mit Frau, die erst Angst hatte. „Aber

ich sagte zu ihr, wir können uns da nicht raushalten, wir müssen unseren Beitrag leisten. Es ist unsere Demokratie, die wir erst noch gestalten müssen."

Die Ehefrauen der beiden, Lehrerin die eine, Anwältin die andere, haben noch vor einem Jahr Mohammed Mursi ge- wählt. Sie hielten ihn für unbestechlich, weil fromm, vor allem aber für unbelastet, im Unterschied zu dem Gegenkandidaten Ahmed Schafik, einem ehemaligen Muba- rak-Mann. Sharaf und Hussain wussten

nicht, wem der beiden sie ihre Stimme ge- ben sollten, also enthielten sie sich. Doch sie akzeptierten das Ergebnis, so ist das nun mal in der Demokratie, dachten sie.

„Aber Mursi hat dramatische Fehler ge- macht", sagt Mohamed Sharaf. „Und wenn du merkst, dass der Pilot sein Flug- zeug nicht fliegen kann, musst du ihn aus dem Cockpit holen. Du kannst nicht sa- gen: Lasst ihn, er hat einen Arbeitsvertrag für vier Jahre!" Ägypten, finden die bei- den Kollegen, sei kein Flugsimulator.

Nach der Befreiung von der Herrschaft der Muslimbrüder kommen nun die Mühen der Ebene: Die Tamarud-Aktivis- ten um Jasmin al-Guschi müssen ihre smarten Guerilla-Techniken alltagstaug- lich machen, sie dürfen sich nicht zerrei- ben lassen. Die Partei der Couch-Potatoes darf nicht wieder in den alten Trott ver- fallen – Mohamed Sharaf und Hussam Hussain müssen sich ihr politisches Ver- antwortungsgefühl erhalten. „Meine Frau will jetzt einer Partei beitreten", sagt Hussain. „Das ist zwar nichts für mich, aber ich werde sie unterstützen."

Und die Muslimbrüder? Sie müssen eine neue Rolle finden. Wollen sie nicht in Sektierertum verfallen, dann müssen sie sich von Verschwörungstheorien und Allmachtsphantasien verabschieden. Ihr Part ist der schwierigste. Denn Fahmi Fausi und seine Leute haben noch nicht

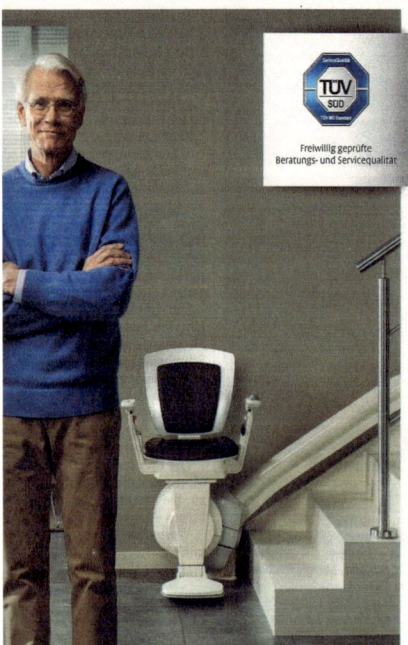

begriffen, dass Ägypten sich geändert hat. Dazu kommt noch: Es darf nun kein Chaos ausbrechen, damit sich die Armee bald wieder in ihre Kasernen zurückzieht und das Regieren den Zivilisten überlässt. Doch das wird nicht einfach sein, man sieht das bereits am Freitag, zwei Tage nach dem Freudentaumel.

Zehntausende Mursi-Anhänger ziehen da zum Tahrir-Platz, aufgewiegelt von Mohammed Badi, dem Chef der Bruderschaft, der zuvor auf einer Kundgebung gerufen hatte: „Wir werden für Mursi unsere Seele und unser Leben opfern." Molotow-Cocktails fliegen, es fallen Schüsse, es gibt Schlägereien überall in der Stadt. 17 Tote werden allein bis Mitternacht gemeldet. Das Beispiel Algerien macht jetzt öfter die Runde, auch dort gewannen die Islamisten die Wahl, putschte die Armee, es begann ein Bürgerkrieg mit Zehntausenden Toten. Sicher, Ägypten ist nicht Algerien. Aber die Polarisierung ist groß, und niemand weiß, was die Muslimbrüder tun werden: Nehmen sie an Wahlen teil? Gehen sie wieder in den Untergrund? Wird es Anschläge und politische Morde geben, wie schon früher einmal?

Jasmin al-Guschi und ihre Mitstreiterinnen Sara Kamal und Mai Wachba sitzen bei McDonald's im Stadtteil Dokki, nicht weit vom Tahrir-Platz entfernt. Sie trinken Tee und essen Erdbeerjoghurt, arabische Popmusik plärrt aus den Lautsprechern, ihre Laptops sind aufgeklappt.

Jasmin, noch mal die Frage: Wie legitim ist eigentlich eine Revolution, die dazu das Militär braucht?

„Das ist ein wichtiger Punkt, wir haben ganz zu Anfang immer wieder darüber diskutiert. Aber das ist sehr theoretisch. Die Realität dagegen sah so aus: Wir hatten nichts, die Muslimbrüder hatten den Staatsapparat auf ihrer Seite. Die Armee einzubinden, das war für uns die einzige Option." Sie schiebt ihren Joghurt beiseite. „Ganz ehrlich, viele von uns haben Mursi anfangs eine Chance gegeben, aber wir wurden schnell enttäuscht."

Mohammed Mursi wurde Ende Juni 2012 im zweiten Wahlgang gewählt, in einer Stichwahl, für ihn stimmten 51,7 Prozent. Die Beteiligung war jedoch gering, nur etwas über die Hälfte aller wahlberechtigten Ägypter gab ihre Stimme ab. Stellt man noch dazu in Rechnung, dass viele nur aus Protest für ihn stimmten, weil der Gegenkandidat ein Mubarak-Mann war, hat tatsächlich nur etwa ein Viertel der Wähler den Muslimbruder wirklich gewollt. Eine Mehrheit auf dem Papier, formal korrekt, von Mursi genutzt als moralischer Freibrief. Und er hat es geschafft, in nur einem Jahr eine überwältigende Mehrheit gegen sich aufzubringen. Deswegen ist die Frage nach der Legitimität dieses Putsches so kompliziert, sie lässt sich nur beantworten, wenn man dieses zurückliegende Jahr betrachtet.

Protestierende Hussain, Kamal, Wachba
„Es ist unsere Demokratie"

Drei Fehler lasten Jasmin al-Guschi, Mohamed Sharaf und viele andere Demonstranten den Muslimbrüdern an.

Erstens: Mursi habe jede Gelegenheit genutzt, seine Gefolgsleute im Staatsapparat, in den Medien, der Justiz und Polizei unterzubringen – ohne sich um ihre Kompetenz zu scheren. „Es zählt für uns, ob jemand ein Problem lösen kann", sagt Mohamed Sharaf, „und nicht, ob er frömmlerisch ist." Der Tiefpunkt, ergänzt Jasmin al-Guschi, war Mursis Versuch im November 2012, eine islamische Verfassung durchzusetzen.

Zweitens: seine Unfähigkeit, die Nation zu vereinen; das Fehlen jeglicher Sensibilität. Als der neue koptische Papst sein Amt antrat, blieb Mursi demonstrativ fern. Er ließ zu, dass islamistische Prediger gegen Christen, Schiiten und Liberale hetzten. Und er ernannte ein Mitglied der radikalen Gamaa al-Islamija zum Gouverneur von Luxor, ausgerechnet, dabei hatte die Terrorgruppe dort dort einst Anschläge auf Touristen verübt.

Drittens: die Wirtschaft. „Natürlich konnte Mursi die Korruption von Jahrzehnten nicht über Nacht beseitigen", sagt Sharaf. „Aber was tat er? Gar nichts. Die Muslimbruderschaft ist selbst eine korrupte Mafia, das haben wir in diesem Jahr gelernt." Benzin wurde knapp, es gab oft keinen Strom. Das ägyptische Pfund fiel, die Preise für Brot und alles andere stiegen.

Die Ursachen hierfür liegen in der Geschichte der Bruderschaft, 1928 gegründet, seither größtenteils im Untergrund tätig, taktierend, aber mit einer geheimbündlerischen Märtyrer-Mentalität. Viele ihrer Mitglieder und Anführer saßen im Gefängnis, daher das ständige Denken in Kategorien von „die" und „wir".

„Man kann mit den Muslimbrüdern nicht normal reden, ihre Weltsicht ist abgeschottet, überall wittern sie eine Verschwörung", sagt Jasmin al-Guschi. „Noch dazu glauben sie, im Auftrag Gottes zu handeln – das macht sie unbelehrbar." Dieser Argwohn sei wie eine ansteckende Krankheit, „er hat sich in der ganzen Gesellschaft verbreitet".

Die jungen Frauen von Tamarud diskutieren leidenschaftlich und laut, ihre Stimmen sind heiser vom Singen und Schreien. Ab und zu schaut einer der Gäste von seinem Milchshake auf, da steht plötzlich der Geschäftsführer am Tisch, angespannt, unwirsch. Die Frauen sollen gehen, sofort, bei McDonald's seien politische Diskussionen unerwünscht.

Die drei jungen Frauen zögern einen Moment, dann klappen sie die Laptops zu. Sie stehen auf, würdigen den Mann keines Blickes, gehen hinaus.

Warum lasst ihr euch das gefallen, min?

„Es gibt Wichtigeres", sagt sie.

RALF HOPPE, DANIEL STEINV

FOTOS: MAGALI CORCUNI / DER SPIEGEL

„Wir hatten keine andere Wahl"

Friedensnobelpreisträger Mohamed ElBaradei, 71, über die Hintergründe des Militärputsches

SPIEGEL: Herr ElBaradei, Sie haben die autoritäre Herrschaft Mubaraks bekämpft. Jetzt stehen Sie Schulter an Schulter mit den Militärs, die den demokratisch gewählten Präsidenten Ägyptens gestürzt haben. Darf ein Friedensnobelpreisträger mit putschenden Generälen paktieren?

ElBaradei: Lassen Sie mich gleich eines klarstellen: Dies war kein Staatsstreich. Mehr als 20 Millionen Menschen sind auf die Straße gegangen, weil es so nicht mehr weitergehen konnte. Ohne die Absetzung Mursis hätten wir uns auf einen faschistischen Staat zubewegt, oder es wäre zu einem Bürgerkrieg gekommen. Es war eine schmerzliche Entscheidung. Sie war außerhalb des legalen Rahmens, aber wir hatten keine andere Wahl.

SPIEGEL: Soll das die Botschaft sein: Die Straße ist wichtiger als das Parlament?

ElBaradei: Nein. Aber wir hatten gar kein Parlament, sondern nur einen Präsidenten, der zwar demokratisch gewählt war, aber autokratisch regierte und gegen den Geist der Demokratie verstieß: Mursi hat sich mit der Justiz angelegt, die Medien gegängelt, die Rechte von Frauen und religiösen Minderheiten ausgehöhlt. Er hat sein Amt missbraucht, um seine Muslimbrüder an die Schaltstellen zu befördern. Er hat alle universalen Werte mit Füßen getreten. Und er hat das Land wirtschaftlich endgültig in den Ruin getrieben.

SPIEGEL: Wie immer Sie das Vorgehen rechtfertigen, demokratisch ist es nicht.

ElBaradei: Sie dürfen nicht allzu hohen Maßstäbe an das Land anlegen, auf dem Jahrzehnte der Autokratie lasten. Unsere Demokratie steckt noch in den Kinderschuhen.

SPIEGEL: Beginnt nun eine Hexenjagd auf die Islamisten?

ElBaradei: Dazu darf es nicht kommen. Das Militär hat mir versichert, dass viele Meldungen über Verhaftungen nicht stimmen, die Zahlen weit übertrieben sind. Wo es zu Festnahmen gekommen ist, soll es triftige Gründe geben, etwa

unerlaubten Waffenbesitz. Und die islamistischen TV-Stationen wurden geschlossen, weil sie die Menschen aufgewiegelt haben. Ich fordere zudem seit Tagen, dass wir die Bruderschaft in den Demokratisierungsprozess miteinbeziehen. Niemand darf ohne triftigen Grund vor Gericht gestellt werden. Ex-Präsident Mursi muss mit Würde behandelt werden. Das sind die Voraussetzungen für eine nationale Versöhnung.

SPIEGEL: Viele befürchten das Gegenteil. Im vergangenen Jahr haben auch Sie vor der Gefahr eines Bürgerkriegs gewarnt.

ElBaradei: Gerade um eine blutige Konfrontation zu verhindern, war das Eingreifen des Militärs nötig. Auch wenn die Emotionen hochkochen: Ich hoffe, dass die Gefahr eines Bürgerkriegs gebannt ist.

SPIEGEL: Unterschätzen Sie da nicht die Empörung der Muslimbruderschaft und deren Millionen Anhänger? Warum sollten sie noch Interesse an Wahlen haben?

ElBaradei: Ägypten ist in der Tat zutiefst gespalten. Ohne Aussöhnung haben wir keine Zukunft. Die Muslimbrüder sind ein wesentlicher Bestandteil unserer Gesellschaft. Ich hoffe sehr, dass sie an den nächsten Gesprächen teilnehmen.

SPIEGEL: Vertrauen Sie nicht zu sehr dem Militär, das ja in der Vergangenheit oft eigene Interessen verfolgt hat?

ElBaradei: Das Militär hat sich diesmal nicht an die Macht gedrängt. Es hat kein Interesse, in der Politik offensiv mitzumischen. Die Generäle sind sich bewusst, dass sie eine historische Mitschuld tragen an dem Desaster, in dem das Land jetzt steckt. Deshalb spreche ich die Armee auch nicht frei von Verantwortung.

SPIEGEL: Fürchten Sie nicht, als Feigenblatt missbraucht zu werden?

ElBaradei: Das ist keine Frage des blinden Vertrauens. Das nächste Treffen mit den Generälen ist schon vereinbart, sie hören mir immerhin zu. Meine rote Linie ist: Ich lasse mich mit niemandem ein, der Toleranz und Demokratie missachtet.

Oppositioneller ElBaradei

SPIEGEL: Gibt es einen Fahrplan für die Übergangszeit?

ElBaradei: Spätestens in einem Jahr sollte es demokratische Wahlen geben. Wir brauchen eine neue Verfassung, die nicht missbraucht werden kann, die Gleichheit und Freiheit jedes Einzelnen festschreibt. Daran werde ich mitarbeiten. Und wir brauchen funktionierende Institutionen, unabhängige Gerichte, Gewaltenteilung.

SPIEGEL: US-Präsident Barack Obama und sein Außenminister John Kerry haben Sie angerufen. Sehen die beiden in Ihnen den kommenden Präsidenten?

ElBaradei: Ich habe versucht, sie von der Notwendigkeit der Absetzung Mursis zu überzeugen. Aber ich sehe mich nicht in der Rolle des künftigen Staatschefs. Ich möchte meinen Einfluss nutzen, um die Ägypter zusammenzubringen und miteinander zu versöhnen.

SPIEGEL: Bundesaußenminister Guido Westerwelle spricht von einem „schweren Rückschlag für die Demokratie". Wie wollen Sie das verlorene Vertrauen Ihrer Partner im Westen zurückgewinnen?

ElBaradei: Die Deutschen sollten Verständnis für uns haben. Sie wissen, wie schwierig es ist, nach einer Diktatur eine Demokratie aufzubauen – und sie waren als Erste kritisch gegenüber Mursis antidemokratischer Politik. Ich erinnere nur an die Mitarbeiter der politischen Stiftungen in Ägypten, die gerade vor Gericht gezerrt wurden. Wir hoffen auf finanzielle Hilfe aus Berlin und auf Rat beim Aufbau unserer Institutionen. Am wichtigsten ist es, den jungen Menschen, die so zahlreich und mutig für mehr Demokratie auf die Straße gegangen sind, eine wirtschaftliche Perspektive zu geben.

SPIEGEL: Falls die Muslimbrüder bei der nächsten Wahl antreten und gewinnen – würden Sie einen von ihnen an der Spitze des Staates akzeptieren?

ElBaradei: Ja, wenn die Muslimbrüder sich zur Demokratie bekennen und durch eine Verfassung und ein Parlament so eingebunden sind, dass sie ihre Macht nicht wie Mursi missbrauchen.

INTERVIEW: DIETER BEDNARZ, ERICH FOLLATH